C'EST MON JARDIN !

À Marie Marie

C'EST MON JARDIN !

....

Stéphane Marie
& Dany Sautot
Photographies Yann Monel

PROLOGUE — 8

ACTE I — 13

Scène 1 — 14
Chemins de traverse

Scène 2 — 20
Où il est question de paysage, d'harmonie et de temps

Scène 3 — 28
Le regard fait l'apprentissage des lieux, les objets parlent de présence

Scène 4 — 40
Au nom de l'eau, je tords le cou au jardin !

Scène 5 — 54
De la lumière des saisons, de la couleur des feuillages et des floraisons

ACTE II — 71

Scène 1 — 72
Le jardin du Matin, premières révélations

Scène 2 — 82
La terrasse ou l'apprentissage d'une cohabitation réussie

Scène 3 — 92
Un pavot en arbre, un iris japonais et un acacia : trois petites histoires en forme de leçons

Scène 4 — 98
Guy de Maupassant, Mademoiselle Julie Romain et moi

Scène 5 — 104
Jours de fête

ACTE III — 111

Scène 1 — 112
La serre, le coup de vent et les tomates

Scène 2 — 120
Questions de style : le potager et le jardin de salades

Scène 3 — 142
Le bocage, une interprétation en forme d'hommage

Scène 4 — 158
Petit intermède autour du bocage, où il est question de barrières, de vaches, de brebis et de prairies

Scène 5 — 168
Chambres secrètes

Scène 6 — 178
L'éloge du pourri

ÉPILOGUE — 188

Prologue

C'est une drôle d'histoire que raconte mon jardin. C'est la mienne bien sûr. Ma vie qui s'écrit, là, dans un coin de bocage sur la presqu'île du Cotentin ; sur les lieux mêmes où enfant je ne sais pas encore tuer l'ennui. Alors faute de mieux je prends en détestation ces après-midi interminables passés en compagnie de mon grand-oncle Louis auquel mes parents me confient. Les heures s'étirent sans fin dans le potager du vieil homme occupé à tirer les cordeaux, tailler la haie de buis, ramasser le bois mort, sarcler les plates-bandes, récolter les légumes. Dans ce pays dont la réputation est d'être béni par le ciel plus souvent qu'à son tour, crachin, bruine, pluie fine ou déluge... transforment régulièrement le jardin en champ de manœuvres. Les pieds s'enfoncent dans la boue qui colle aux semelles et macule les vêtements. Les jours de soleil, dès que je m'assois sur un talus, des légions de fourmis rouges montent à l'assaut de mes jambes nues. Parfois le sort semble vouloir me réserver une petite compensation sous forme de

délicieuses framboises qui garnissent le pied de la citerne à la belle saison. Jamais à l'époque je n'aurais pu imaginer qu'à mon tour j'allais consacrer tant d'énergie, mettre autant de passion pour créer, entretenir, enrichir et surtout partager ce qui serait mon jardin, ou plus exactement mes trois jardins. Jardin du Matin, jardin du Soir, jardin de l'Après-midi. Jamais à l'époque je n'aurais pu imaginer devenir jardinier.
Pourtant, une vingtaine d'années plus tard, cet immense ennui éprouvé au cours de l'enfance accomplirait son œuvre : les gestes auraient été enregistrés, les sons et les odeurs qui disent les saisons aussi ; le dessin du bocage avec ses talus, ses barrières, ses arbres et ses arbustes régulièrement taillés signifierait, au-delà de la simple vue, un art du paysage maîtrisé que je saurai parfaitement lire.

Double-page précédente :
l'âne, l'osier, le bocage

ACTE I

Scène 1

Chemins de traverse

Adolescent, je rêve de devenir styliste ; me voilà donc parti à Cherbourg, au lycée professionnel, pour devenir « technicien de l'habillement » – terme dont je réalise très vite qu'il est bien éloigné de mes rêves de défilés et d'icônes sur papier glacé. J'apprends qu'il existe une formation de tapissier décorateur à Caen. Bien sûr, je n'entends que le mot « décorateur ». La réalité est tout autre car l'essentiel de mon temps est consacré au dur apprentissage de la tapisserie. Deux ans avant que mes mains ne comprennent les gestes du métier, ne reconnaissent la texture des matières, n'évaluent les volumes à travailler ! Pour la première fois de ma vie, je me rends à Paris pour

Page ci-contre :
quand les courges commencent
à déployer leurs lianes

présenter un dossier d'entrée à l'école Boulle. Ce premier contact avec la capitale me fait horreur. Trop de monde, trop d'agitation, trop de rues où se perdre, sans aucun repère. J'oublie aussitôt l'école Boulle même si, quelques mois plus tard, j'apprendrai par un camarade que j'y ai été accepté.

Un professeur de Caen qui a remarqué mes dessins me convainc de m'inscrire à l'école des beaux-arts d'Orléans. Enfin ma vie bascule. Cinq ans durant je m'adonne à la passion d'apprendre, de voir, de comprendre, d'expérimenter. Tout m'intéresse : la peinture, l'histoire de l'art, les techniques du cinéma, la mise en scène, le dessin. Mes peurs de Paris se sont envolées et, avec la complicité de ma grand-mère paternelle, je peux y louer une chambre et effectuer l'aller-retour journalier Paris/Orléans, les fins de semaine me ramenant en Normandie, chez mes parents.

Mon diplôme des beaux-arts en poche, je me tourne vers le théâtre. Scénographe, décorateur mais aussi créateur de costumes, durant douze ans je vis au gré des projets qui se montent hors des sentiers battus. À l'époque, le théâtre sort des salles traditionnelles pour s'installer dans de nouveaux lieux tels que des friches industrielles, d'anciennes chapelles, des sous-sols... Exigeant, l'espace vide des plateaux devient mon terrain d'expériences. J'apprends à composer avec la lumière, le discours de la pièce, le mouvement des comédiens pour créer l'illusion le temps d'un soir. Déjà le temps de l'éphémère.

Peu à peu je me sens à l'étroit dans cet univers où mes créations doivent d'abord satisfaire le désir du metteur en scène. Et puis je ne supporte plus d'être sans arrêt sur les routes sans point d'attache. Toujours, mes chemins de traverse me ramènent en Normandie. La question de l'ennui n'y est plus d'actualité. Vide depuis longtemps, la maison de mon grand-oncle avait été le théâtre des premières fêtes que j'inventais dès mes dix-huit ans avant que, crime de lèse-majesté à mes yeux, mes parents ne la louent. Dix ans plus tard, ils acceptent de me céder une étable attenante qu'une tempête a privée de sa toiture, ainsi que le fameux potager de mon enfance. Depuis, l'étable est devenue ma maison et l'ancien potager a donné naissance au jardin du Matin. Pour les besoins de l'émission « Silence, ça pousse ! », une serre et le jardin du Soir seront créés en 1998 avant que je ne décide, récemment, de concevoir le jardin de l'Après-midi.

Double-page suivante : jardin du Soir en hiver, la mare s'endort

Scène 2

Où il est question de paysage, d'harmonie et de temps

L'action se situe à l'extérieur du jardin sur un terrain communal qu'empruntent les vaches pour se rendre dans les clos en contrebas de la petite route qui longe la maison. Autrefois le sol avait été creusé pour en extraire la terre nécessaire au maçonnage des bâtiments de la ferme ; puis le trou s'était transformé en décharge – oh ! il n'y avait pas d'ordures ménagères puisque la majorité des déchets étaient soit brûlés soit recyclés avant l'heure ; non, c'était le lieu des ferrailles, des boîtes de conserve, des flacons... bref de toutes ces choses dont on ne savait que faire et qui, très rapidement, disparaissaient sous les ronces, emmaillotées par toute une végétation

L'osier, matière vivante essentielle au jardinier

prompte à recouvrir et à cacher. Quand je reconstruis l'étable, je dois creuser une terrasse pour l'isoler ; la terre ressort de la ferme pour combler le trou de la décharge. Une fois le terrain nivelé, je décide d'y installer des plantes qui ne proviendront que de mon jardin, simplement pour montrer qu'avec deux boutures, quelques bambous récupérés çà et là, il est possible d'inventer un coin de verdure sans débourser un centime. Il devient évident qu'il manque une présence qui soit cohérente avec le paysage et avec mes intentions de jardinier. L'idée de l'âne s'est naturellement imposée ; simple évocation animale qui intègre en douceur le paysage. S'il est un matériau qui, ici, a valeur de symbole, c'est bien l'osier. Qui pousse gentiment à portée de main, offrant ses branches les plus tendres pour tresser des paniers, dresser des plessis, attacher une barrière, lier des fagots, façonner des cloches de protection pour les jeunes plants. Deux fers à béton, de l'osier pour imaginer une scène de bocage, pour inventer mon âne à l'ombre d'un plessis. Pauvre âne contre lequel les vaches peu scrupuleuses viennent régulièrement frotter leurs flancs mais qu'il suffit de rafistoler au printemps avec quelques jeunes branchages pour qu'il retrouve son allure et sa sérénité.

J'aime cette harmonie établie avec le paysage alentour. À l'occasion d'une visite du jardin botanique de Montréal, j'ai passé un certain temps dans le jardin chinois jusqu'au moment où j'ai compris que l'architecture rouge caractéristique de ce type de jardin illustrait la place harmonieuse de l'homme dans la nature. C'est cette idée que je cherche à matérialiser dans mon jardin avec des éléments que je fabrique, qui rappellent ma présence tout en conversant « harmonieusement » avec le jardin et ce qui l'entoure.

Déjà le temps accomplit son œuvre ; elle prend ici la forme d'un tilleul qui, en dix ans, est passé d'une simple tige à un jeune arbre.

L'appréhension du temps évolue dans une vie de jardinier. Entre le désir d'un résultat immédiat au tout début et celui de s'adapter, peu à peu, aux multiples vitesses des végétaux.

Dans la mienne, les premiers pas s'accompagnent d'annuelles, tout de suite à portée de main pour le novice séduit par leur abondante floraison et leur côté « tape-à-l'œil ». Rapides par excellence, elles comblent le désir immédiat de l'pprenti jardinier avant de disparaître. Dans un deuxième temps, la découverte des vivaces prend le relais. Moins aguichantes, plus mystérieuses, le temps de se mettre en place, elles s'installent pour revenir fidèlement s'exprimer chaque année, à la même saison.

Dans la mienne, les premiers pas s'accompagnent d'annuelles, plantes rapides par excellence qui, dès l'année des semis, comblent de bonheur l'apprenti jardinier avant de disparaître ; les vivaces prennent le relais – le temps de se mettre en place et elles jouent les prolongations. J'apprends à composer, à associer les couleurs, à découvrir les différentes personnalités qui se révèlent au fil des saisons. Puis les arbustes font leur entrée. La structure verticale du jardin prend forme. Bientôt, les catalogues ne suffisent plus, ils sont complétés par les revues et les livres, dont la lecture est suivie des visites chez le pépiniériste. Il devient rapidement « mon » pépiniériste.

Désormais, la promenade au jardin après le déjeuner du dimanche a valeur de rite au cours duquel sont évoquées les qualités du rosier 'Neige d'Avril' qui aurait dû s'appeler 'Neige de Mai', les stratégies pour leurrer taupes et mulots, l'allure de la haie de buis taillée comme la nuque d'un légionnaire et tant d'autres choses qui font les délices du jardin. Désormais le temps peut prendre une autre dimension à l'image de celle de l'arbre. Le désir de profiter immédiatement de mes plantations s'est amenuisé. Pas question pour moi de planter un arbre adulte. Mais un jeune arbre ! Là, le jardinier ne se projette plus directement dans son jardin mais il caresse l'idée qu'éventuellement seule sa mémoire sera entretenue à travers cet arbre. Mais c'est encore une autre histoire...

Page ci-contre : rameaux d'osier en attente
dans le vieux bac à saumure

Scène 3

Le regard fait l'apprentissage des lieux, les objets parlent de présence

Il est des jardins dans lesquels les espaces fonctionnent parfaitement au fil des saisons, quelles que soient les heures de la journée, où le dessin du jardin s'accompagne d'un sentiment d'équilibre comme si chaque allée traçait l'évidence des lieux, comme si chaque relief, chaque dépression s'y inscrivaient « naturellement ». Je pense en particulier au jardin Plume où, avant qu'ils ne donnent le premier coup de bêche, ses propriétaires ont laissé passer deux cycles de saisons. Deux années pour voir d'où venait le vent, à suivre les effets du soleil du printemps à l'hiver, à déterminer les endroits dans lesquels ils se sentaient bien, à envisager les circulations.

Page ci-contre : capucines tubéreuses sur le plessis du potager

Pour les besoins des tournages de « Silence, ça pousse ! », j'aménage un petit bâtiment en atelier rudimentaire. De là, j'ai une vue complète sur mon terrain – à l'époque un long couloir de folle végétation qui débouche sur les clos. Si je me tiens au milieu, mon regard est véritablement happé par l'horizon. À force de « plisser les yeux » pour mieux scruter et détailler cet enchevêtrement de ronces et de branchages, je finis par distinguer ce qui sera l'élément structurant du futur jardin du Soir. Le noyer s'impose comme tel. Pourtant, une fois qu'il est dégagé du carcan végétal qui menaçait de l'étouffer, il ne se passe… RIEN. J'ai en tête l'un des principes du major Lawrence Johnston qui, aussi bien à Hidcote Manor qu'à La Serre de la Madone, avait réservé au sein de ses jardins une aire comme une place de village. Fou de pétanque, il considérait ces espaces comme des lieux – toutes proportions gardées – à vocation collective. Je décide donc d'isoler mon noyer comme s'il était au centre d'une place. Moi aussi je veux « ma place publique ». Depuis l'atelier, le terrain descend en pente très douce puis remonte de manière quasi imperceptible jusqu'au noyer. Pour accentuer l'idée d'une montée, je creuse à l'aide d'une bêche trois longues marches autant pour isoler l'arbre que pour mettre en scène sa présence. Je profite de la terre provenant du décaissage des marches pour aplanir la circonférence autour de l'arbre et créer une halte sur laquelle le regard peut se poser, avant de repartir vers le fond du jardin et les clos qui lui succèdent.

Page ci-contre : autour du noyer,
l'espace est dégagé

Une grande partie de mon travail consiste à aménager la vue, à créer des obstacles pour freiner le regard sur cette espèce « d'aspirateur visuel » qu'est l'horizon. Étonnamment, le jardin semble s'agrandir au fur et à mesure que je crée des signaux visuels. Derrière le noyer, je pose une grille donnée par un ami pour marquer l'entrée du potager. Une grille qui jamais n'est fermée et dont la transparence n'occulte rien mais qui délimite symboliquement – et concrètement – un nouvel espace. Avec des fers à béton et toutes sortes de branchages tressés, je construis des paravents. Autant pour protéger mes plantations de la morsure des vents d'est que pour marquer visuellement l'espace potager. À leurs pieds je laisse courir des capucines tubéreuses qui, tous les ans, se chargent d'enchanter le mois d'octobre.

À l'entrée du potager, j'installe une cuve à saumure en béton armé dans laquelle mon grand-père, charcutier à Barneville, préparait ses jambons. Elle coupe la perspective de l'allée centrale et met « à portée d'arrosoirs » tout ce que j'y place en culture. Dès le mois de mai, j'y fais macérer les coupes d'orties, de consoudes et de prêles. Précieux purins qui se chargent de nourrir le potager tout en tenant à distance pucerons et acariens. En été, dès le matin, je remplis la cuve avec de l'eau tirée du puits pour qu'elle soit à bonne température pour l'arrosage du soir.

En février, les brassées d'osier fraîchement coupées y trempent ; l'eau mélangée à la sève favorisera deux mois plus tard

l'enracinement des jeunes boutures. Les osiers seront utilisés au jardin pour de nouveaux plessis ou juste le temps d'imaginer, à la suite de l'âne, une poule et ses poussins.

Ces objets – la grille de l'ami ou la cuve de mon grand-père comme l'ensemble des ponctuations que je glisse dans le jardin – jouent souvent un rôle utilitaire, mais ils me parlent aussi de personnes sans lesquelles le jardin serait, à mes yeux, un lieu vide de sens. Cette présence humaine que je cherchais déjà à matérialiser aux débuts du jardin, avec des chaises défoncées en guise de tuteurs que je disposais dans les plates-bandes pour y faire grimper volubilis et capucines.

Page ci-contre : un drap posé sur le bac
évite les pontes de moustiques dans les macérations et purins

Scène 4

*Au nom de l'eau,
je tords le cou au jardin !*

J'éprouve un infini respect pour l'eau, pour l'ingénierie qu'elle a suscitée dès l'origine de la culture des jardins, quand les Hommes des pays méditerranéens inventaient canalisations et citernes pour irriguer leurs jardins avec une eau captée souvent à des dizaines de kilomètres, comme pour les jardins de l'Agdal à Marrakech dont l'eau descend de l'Atlas. Je ressens une émotion comparable quand je tire l'eau du puits qui avait été judicieusement creusé contre l'ancienne ferme. Les premières années, j'abuse des arrosages avec insouciance, faisant la sourde oreille aux recommandations avisées de ma mère : *prends garde, j'ai vu à plusieurs reprises la source se tarir en fin d'été.*

La réalité m'a rattrapé et aujourd'hui, quand durant deux mois d'affilée il ne pleut pas, je réduis l'arrosage à l'extrême nécessaire. Cette contrainte m'a obligé à appliquer le principe de « la bonne plante au bon endroit » ou encore à pailler systématiquement toutes mes plantations pour conserver au sol son humidité.

Mois après mois, j'avance progressivement vers le fond du jardin jusqu'à atteindre la « boulangerie » où, du temps de la ferme, le pain était cuit. Dans cet espace contigu aux clos où ma mère laisse paître ses brebis, je décide de créer un paysage dans lequel l'eau circulerait.

Le thème de l'eau et des plantes aquatiques ne m'est pas totalement étranger. Quelques années plus tôt, j'ai aménagé sur ma terrasse un petit bassin de deux mètres sur deux dans lequel j'ai immergé quelques plantes entre lesquelles circulent des petites carpes koïs. Miracle ! Dès l'été suivant, une grenouille verte est venue y élire domicile. Très rapidement, le bassin s'est transformé en petit milieu naturel et autonome. Disposés à proximité, des pots non percés accueillent des plantes de berge que j'inonde et dont je laisse ensuite la terre sécher. Cette technique prive les moustiques de toute velléité d'occupation d'autant que, dans le bassin, les poissons se chargent de faire disparaître leurs pontes.

Mais là, dans le fond du jardin, l'enjeu est de taille. Que faire pour casser la perspective avec son axe central qui ne décline que perpendiculaires et parallèles – géométrie cartésienne,

Double-page précédente : la terre extraite du bassin est montée en trois terrasses maintenues par des fascines, des branches tressées dans des tiges de fer à béton

étrangère à l'idée de l'eau libre ? Je n'ai d'autre solution que celle de tordre le cou au jardin ! Moi qui avoue un vrai penchant pour les lignes droites des carrés et des rectangles, j'opte pour un biais, un trait d'eau qui traversera le fond du jardin. Je sais qu'au-delà de ce trait, de cette « frontière », je devrai inventer une nouvelle histoire autour de l'eau, de la boulangerie et des clos mitoyens.

Toute cette phase préparatoire au cours de laquelle je dessine devant les caméras de « Silence, ça pousse ! » fait l'objet d'un sujet – *Je dessine mon jardin*. Enfin, le jour J arrive et avec lui, un bulldozer qui creuse le trait d'eau dont la profondeur s'échelonne entre soixante-dix et quarante centimètres. Une bâche est posée. Mon jardin n'étant pas raccordé au réseau public, l'eau ne provient que de mon puits. Une pompe en assure la circulation et l'aération. Je dispose quelques pierres sèches d'où s'échappe une cascade sonore. Je construis même un lavoir et un pont... Mais le résultat me déçoit. À mes yeux, tout cela exprime l'artificiel. La cause ? Ma « rivière » trop étroite, trop rigide.

Armé d'une bêche, je me décide à casser le trait dans sa partie la moins profonde. Je crée ainsi une mare en forme de quart de camembert. La difficulté est de raccorder une nouvelle bâche à la première. Je rajoute un peu de terre dans laquelle je plante des petites prêles, des roseaux, des tas de végétaux de berge et de zone humide dont un *Gunnera magellanica* qui, une fois

Page ci-contre : le bruit de l'eau

n'est pas coutume chez ces géants du genre, produit des petites feuilles rondes de quelques centimètres de diamètre.

L'arrondi de la mare me conduit à aménager sa circulation le long d'une rotonde. Avec la terre prélevée, je monte un talus sur lequel je décide d'asseoir un ponton de bois. Construit comme un chemin de planches qui suit la courbe de la rotonde, il marque une délimitation avec la boulangerie, tout en accentuant l'illusion d'un paysage de rivière.

Il me reste à doter ce nouvel espace d'une structure cohérente avec le reste du jardin. Je m'attaque à ces fameuses courbes. Je les décline en ellipses, en arcs, en sinuosités... Pour mieux les visualiser, je dispose des tuyaux d'arrosage au sol qui suivent mes croquis. Depuis tous les angles de vue possible, je rectifie, j'arrange, je redresse, j'arrondis, je recommence... Cela ne veut pas marcher. Je n'obtiens que des formes molles à l'allure d'amibes qui semblent flotter dans le vide sans parvenir à se poser. Et puis, le déclic ! J'imagine un cercle – seule figure solide capable de s'imposer comme telle et autour de laquelle j'ordonne mes plantations selon des croissants de lune concentriques. Une « plate-bande » de rhododendrons et d'azalées s'échelonne sur des petites terrasses surélevées aux rebords consolidés par de l'osier. Entre ce nouvel espace et l'eau, je décide de créer une petite prairie interdite offerte aux seuls regards. Le spectacle y est garanti par la multitude de bulbes dont les floraisons se relayent de la fin de l'hiver à l'automne.

Page ci-contre : les papyrus d'Égypte prennent le soleil
(*Cyperus papyrus*)

En quelques semaines j'assiste, émerveillé, à l'éveil d'un monde qui, une fois encore, tient du miracle. Quelques plantes, de l'eau et c'est toute une vie qui se met en place, dans un équilibre quasi parfait. Insectes, crapauds, grenouilles, nymphes et libellules, dytiques, tritons au ventre rouge qui paressent sous les pierres... toute cette petite faune semble s'être donné le mot pour s'inventer un univers cohérent, organisé autour de cette mare... au fond de plastique ! En été, si l'eau vient à manquer, je stoppe la pompe. Les plantes se comportent alors comme celles des tourbières avoisinantes. Peu à peu, elles se retrouvent les pieds au sec, deviennent un peu moins belles avant que les premières pluies d'automne ne leur rendent leur superbe.

Dans le nouveau jardin, celui de l'Après-midi, j'ai imaginé un miroir d'eau. Un miroir rectangulaire autour duquel rien ne se passe, qui se suffit à lui-même. Surface sensible sur laquelle le regard se pose le temps de suivre la course des nuages dans le ciel – se repose aussi quand les couleurs alentour s'expriment en festival technicolor.

Page ci-contre : Azolla

Scène 5

*De la lumière des saisons,
de la couleur des feuillages et des floraisons*

J'ai longtemps travaillé les lavis – du noir, du blanc, des pleins, des vides – auxquels j'associais l'aquarelle à peine délayée que j'appliquais en taches bien définies pour mieux faire ressortir le vide autour. Ce goût des contrastes, je l'exprime aujourd'hui dans mon jardin, avec des végétaux dont les feuillages ou les floraisons entrent en résonance avec les lumières si particulières qui baignent le paysage normand à proximité de la mer. Course des nuages entrecoupée d'éclats fulgurants, tout ici parle d'ombres et de lumières qui révèlent, atténuent, exacerbent, dissimulent. Bien sûr, il arrive que leurs jeux se calment à la faveur d'une brume venue de la mer ou encore quand les

*Page ci-contre : Clematis armandii 'Apple Blossom'
en mars, sur le toit de l'atelier*

stratus envahissent le ciel en couche basse et uniforme transformant le jardin en scène fantasmagorique.

Arrive l'hiver. Qui toujours tombe bien, juste au moment où j'éprouve le besoin d'oublier un peu le jardin, de faire relâche. Tout a été vidé, nettoyé. Aucune trace des saisons passées. Les plantes fragiles ont été rentrées dans la serre, d'autres emmaillotées dans des voiles d'hivernage, les feuilles mortes ont été ramassées et tapissent le pied des rhododendrons et des azalées. Mise à nue, la structure du jardin se révèle au gré de ses ponctuations : blondeur des grandes graminées, transparences mises au jour par les troncs et les tiges des caducs, présence des persistants comme autant de sentinelles. Du côté de la rivière, c'est le grand calme rythmé par le seul bruit de l'eau qui s'écoule. Mon regard peut lire d'un simple coup d'œil l'ensemble du jardin, détecter ce qu'il faut tailler, déplacer, rafistoler, consolider.

Que dire de la beauté du jardin pris dans le givre, sous la douceur d'un soleil matinal.

Que dire des floraisons des camélias, des roses de Noël ou de la précoce clématite *cirrhosa* qui semblent me rappeler que j'ai voulu faire un jardin fleuri d'un bout de l'année à l'autre. De ces plantes qui savent patienter le temps d'un coup de gel avant de refleurir.

Je me souviens d'une tante éloignée – une vieille dame qui habitait du côté de Valognes – dont le jardin était fleuri toute

Double-page précédente :
blanche gelée de printemps dans le jardin du Matin
Page ci-contre : rouge, la couleur du paillis s'accorde avec les tuiles du toit

l'année. Plus ou moins selon les saisons, mais suffisamment tout de même pour qu'elle puisse garnir l'église de bouquets. Même si j'évite le jardin en hiver, je ne résiste pas à l'attrait des camélias. Dans le jardin du Matin, tout près de la maison, j'ai planté un *Camellia sasanqua* 'Narumigata' qui produit d'octobre à février une profusion de grandes fleurs blanches lavées de rose aux pistils qui embaument le jasmin. Dans le jardin du Soir, je les ai associés en haie pour marquer une séparation avec le chemin communal. Je pense aussi à ceux que j'ai dépotés au bout de sept ans pour qu'ils vivent leur vie comme *Camellia japonica* 'Takinini' et *C.* 'Jury's Yellow' ou les splendides *C. japonica* 'Nobilissima' et *C. j.* 'Justine Heurtin' aux fleurs blanc pur. Dès le mois de janvier, la terre s'impatiente et charge les bulbes, ces vigilantes sentinelles, d'annoncer la fin de la dormance hivernale. Débute donc le festival des bulbes mais aussi des cormes, rhizomes et autres tubercules qui durera jusqu'à la fin du printemps avant de reprendre à la fin de l'été. Plantés par centaines, ils se lancent par vagues successives à l'assaut des plates-bandes – pour l'heure désertées – de la petite prairie interdite au fond du jardin, des talus et des ruines aussi. Les perce-neige (*Galanthus*) et les crocus sont les premiers à sortir, suivis des ravissants iris d'Alger (*I. unguicularis*) aux fleurs bleu d'azur qui surgissent dans les interstices des pierres, ailleurs ce sont les narcisses et les muscaris. La terre commence à se réchauffer. Du côté des ruines et sur les talus, la surprenante

fritillaire « œuf de pintade » (*Fritillaria meleagris*) au damier pourpre clair sur pourpre foncé fait son apparition ; en avril, c'est au tour des étoiles bleu-violet des camassias dont j'espère qu'ils auront la gentillesse de se ressemer comme ceux que la mère de Christopher Lloyd avait choisis pour Great Dixter.
J'aime la fraîcheur de la lumière du printemps qui accompagne le débourrage des feuillages et les premières floraisons. Je redécouvre chaque année, avec le même émerveillement, l'incroyable palette chromatique de mes plantes.
En février, un nuage de fleurs roses se pose sur le toit de l'atelier. Cadeau offert par une clématite de rêve (*Clematis armandii* 'Apple Blossom') plantée au pied d'un mur, il y a une dizaine d'années. J'ai compris qu'il faut faire preuve de patience avec les clématites. Elles ont besoin de deux à trois ans avant d'exécuter leurs acrobaties dans les arbres au pied desquels je les installe volontiers. Associées aux rosiers, elles donnent l'illusion de floraisons continues tout en dissimulant, en cas d'oïdium, le feuillage abîmé de certains.
Je guette les premières fleurs des pommiers. Ceux que j'ai appuyés contre une palissade, taillés en palmettes ; ceux du potager conduits en cordons et puis aussi ceux des champs alentour. Tous arborent en ce début de printemps une couleur blanc délavé due au lait de chaux.
J'ai adopté cette technique traditionnelle autant pour son efficacité à éradiquer les larves des parasites et les champignons

Double-page suivante :
pommier double cordon chaulé

qui prolifèrent sous l'écorce que pour son effet esthétique. Ce blanc qui fonctionne si bien au jardin en hiver, qui le rend plus beau, plus civilisé.

Je me réjouis de la guirlande de fleurs dont se pare, dès le mois d'avril, chacun des deux pommiers colonnaires – Versailles® et Villandry® – que j'ai plantés dans des caisses à l'entrée du potager, un peu à la façon des potagers du XVIIe siècle. J'ai mis du temps avant de les choisir. Pas question ici de planter des oliviers ou des orangers mais je tenais à cette entrée classique, jusqu'au jour où l'évidence s'est imposée. Dans ce paysage normand qui intègre naturellement le pommier, qui mieux que lui ouvrirait les portes du jardin nourricier ? Et puis j'aime leur graphisme qui pose l'espace. Sans compter qu'ils donnent en septembre de délicieuses pommes !

Au bord de l'eau, la rhubarbe décorative (*Rheum palmatum* 'Atrosanguineum') mérite le détour. Quinze jours de spectacle sans relâche avec, en préliminaire, l'explosion écarlate de ses bourgeons suivie du débourrage de ses feuilles pourpres margées de rouge à la texture fripée façon papier froissé, d'où surgissent des panicules de fleurs rose indien.

Page ci-contre : les pommiers fleurissent
et semblent percer la croûte de chaux protégeant leur tronc

Magie du débourrement
et floraison de *Rheum palmatum* 'Atrosanguineum'

ACTE
II

Scène 1

Le jardin du Matin, premières révélations

Un beau jour de mars, les travaux de la maison sont enfin achevés. Emmitouflé dans deux peignoirs épais, je savoure mon premier petit-déjeuner pris sur la terrasse alors que de pâles rayons de soleil tentent de réchauffer la frilosité de ce début de matinée. Devant moi, au-delà de la volée de marches, s'étend un espace vide. J'ai la sensation de me trouver dans une fosse d'orchestre en contrebas d'une scène de théâtre. De l'ancien potager, nulle trace. Seule la haie de buis qui me sépare de la route me rappelle le temps de l'enfance et du grand-oncle Louis. Ce « vide » me convient. Je décide donc de planter un décor autour. Ce sont mes premiers pas dans le jardinage ; mes premières erreurs aussi !

Dans ce petit terrain qui n'excède pas quatre cent cinquante mètres carrés, je ne tarde pas à faire l'expérience de la complexité du sol, de l'importance de l'exposition, des besoins spécifiques des plantes. Je n'imagine pas alors que sous son aspect homogène, cette petite surface se répartit en quatre milieux totalement différents, chacun aux exigences particulières. Découverte que mes plantations vont s'empresser de me révéler.

Les premiers à me manifester leur désaccord sont les rhododendrons. Au bout de deux ans, ils se mettent à fleurir au mois d'août. Mauvais signe. Puis leurs feuilles virent au brun comme si elles étaient brûlées tout en formant des bouquets à l'allure avachie d'un parapluie à demi refermé. J'apprends que le responsable est le redoutable phytophtora, un champignon qui, à la faveur d'un sol gorgé d'eau, s'attaque aux jeunes arbres. Ma mère m'avait pourtant prévenu, me mettant en garde contre cet endroit particulièrement humide malgré le fait qu'il court le long d'un profond fossé. Depuis, les rhododendrons ont été déplacés de quelques mètres et tout va bien pour eux. Des plantes de berge et des plantes d'ombre les ont avantageusement remplacés. Pour créer un ensemble cohérent, je choisis des espèces aux feuillages pourpres, telles que des ligulaires (*Ligularia dentata* 'Desdemona', des clérodendrons ou encore des cierges d'argent (*Cimicifuga simplex* 'James Compton') dont les tonalités sombres participent à la

Page ci-contre :
cardons, alchémilles, géraniums

dramaturgie du lieu. Légèrement dissimulée par la végétation, une cabane destinée au séchage du linge est venue « civiliser » cette zone. En forme de petit temple construit avec du bois de récupération, elle enjambe le fossé à la façon d'un pont, évoquant l'idée de l'eau.

Le long des buis, l'histoire est tout autre. Je conserve le souvenir des légumes rabougris que produisaient les plates-bandes, jusqu'à un mètre cinquante depuis la haie. En cent ans, les buis ont fait main basse sur tout ce qui peut les nourrir et les désaltérer. Résultat : la terre est sèche et pauvre. Exposée plein sud, elle convient parfaitement aux plantes de lande. J'opte pour des bruyères que j'installe en masse pour profiter pleinement de leurs feuillages – des plus clairs aux plus sombres – , de leurs floraisons – toujours lumineuses – qui peuvent se succéder de la fin de l'été à celle de l'hiver. Taillées à la japonaise, elles créent un moutonnement au pied des buis dont le sommet dessine la ligne d'un horizon fictif sur laquelle s'inscrit, en arrière-plan, la douceur des formes du bocage.

Je découvre les orpins (*Sedum*), les immortelles d'Italie (*Helichrysum italicum*) au parfum de curry, les myrtacées aussi. J'apprends à comprendre mes plantes. Je pense en particulier à un myrte (*Myrtus luma*) dont j'aime l'allure de buis, la floraison et les petits fruits sucrés qui la suivent. Après une taille destinée à lui donner une forme d'œuf, je m'aperçois que je le dérange. Il se rebiffe. Sa masse végétale ne suit pas mon

Page ci-contre : Erigeron karvinskianus,
Festuca glauca, Stipa tenuifolia

dessin ; au contraire, elle se troue en plusieurs endroits. Je distingue alors son tronc et ses branches maîtresses que recouvre une écorce couleur cannelle s'exfoliant en plaques d'un gris incroyablement doux. Un attrait insoupçonné que je décide de mettre en valeur par une taille en forme de nuage. Aujourd'hui c'est un arbuste de quatre mètres de hauteur ; plus je le taille, plus il fleurit en dégageant un délicieux parfum qui embaume les journées de juillet.

Prévoir la croissance des arbres et des arbustes relève parfois de l'inconnu. Depuis que j'ai vu à Tresco, dans l'archipel britannique des îles Sorlingues, des myrtes qui dépassent huit mètres de hauteur, je m'inquiète un peu devant la volonté de grandir de mon arbuste. Déjà il a dépassé la haie et je crains les coups de froid qui risqueraient de le faire souffrir.

Scène 2

*La terrasse ou l'apprentissage
d'une cohabitation réussie*

C'est mon repère. Dans tous les sens du terme. Quand, fatigué, je reviens de Paris ou de mes voyages lointains. Je m'y sens abrité, loin de tout, inatteignable. Quand, aux premiers frissons qui agitent mon jardin dans l'attente du printemps, je sors le matin et que je guette, moi aussi, les premiers signes annonciateurs des beaux jours. Quand j'y retrouve mes proches le temps d'un déjeuner ou d'un dîner. Quand, juste un instant, je retrouve l'enfant que j'étais, à deux pas de là…
Vingt ans se sont écoulés entre les colonies de pots de fleurs que j'y accumulais au tout début et la belle harmonie d'aujourd'hui. Vingt ans de tâtonnements, d'engouements

Page ci-contre : chaque année, les myosotis font le lit des floraisons de bulbes dans le « mille fleurs » du jardin du Matin

vite réfrénés par les mauvaises surprises. Combien de plantes grillées m'attendent lors de certains retours au mois de juin. Les fleurettes achetées sur un coup de cœur qui s'empressent de dépérir sitôt qu'elles arrivent. Alors, pour un effet végétal garanti douze mois sur douze, les arbustes persistants en pots entrent en scène... qui transforment bientôt ma terrasse en pépinière. Il me reste de cette époque des houx qui se sont multipliés par semis.

Il est vrai que j'ai à affronter une difficulté de taille. Toute la terrasse dissimule quantité de drains destinés à évacuer l'eau en cas d'inondation. Impossible donc de planter en pleine terre. Et puis, comme selon un *modus vivendi*, mes plantes et mes ambitions finissent par s'accorder. Le premier terrain d'entente n'est autre qu'une baignoire descendue du grenier à l'occasion d'un corso fleuri organisé à Barneville (un Marat d'anthologie devait y jouer sa mort). Je la place contre la maison avec, à l'intérieur, un lierre qui en profite pour s'élancer à l'assaut du mur, un rosier 'American Pillar' enchanteur au printemps, un fuchsia (*F. magellanica* 'Variegata') aux longues clochettes rose pâle, un liseron blanc pur au feuillage persistant argenté (*Convolvulus cneorum*).

Depuis dix-sept ans, ce petit monde végétal vit parfaitement. Une fois par an, je lui accorde une poignée d'engrais organique complétée par de la cendre. Jamais je n'ai changé la terre, je me contente juste de rajouter un peu de terreau de temps

Page ci-contre : présence de l'eau
sur la terrasse du jardin du Matin

en temps. Quant à l'eau, c'est le service minimum assuré automatiquement par un goutte-à-goutte.

J'agis de même avec les hortensias ; cela fait quinze ans qu'ils vivent dans des grands pots de soixante centimètres de diamètre. Ils ont droit à une ration annuelle de corne broyée et, en cas de chlorose, à un peu de sang séché. C'est tout.

Aujourd'hui la terrasse me convient telle qu'elle est. J'aime retrouver d'une année à l'autre le tapis de « mille fleurs » inspiré de *la Dame à la licorne*, avec ses points minuscules formés par les myosotis et les fleurs multicolores des bulbes de petite taille au-dessus desquels bondissent une chevrette, un lapin découpés dans une feuille de métal.

J'aime retrouver aussi les fleurs qui s'invitent sans façon. Parfois ce sont des digitales pourpres, ou des marguerites, ou encore des euphorbes qui décident de s'y poser le temps d'une saison. Toutes ces plantes qui viennent tenir compagnie à celles que je choisis. Je pense aux tulipes horticoles – à mes yeux de belles exotiques, beaucoup trop sophistiquées pour être mises en pleine terre. D'autant que, les mulots raffolent de leurs bulbes, à la différence de ceux des tulipes botaniques. Je les dispose en potées dans des endroits stratégiques, comme sur les marches de la terrasse qu'elles ponctuent avec une réelle distinction.

Page ci-contre : Digitalis purpurea,
quand les fleurs du bocage s'invitent dans le jardin
Double page suivante : Papaver rhoeas 'Shirley' (coquelicot)

Scène 3

*Un pavot en arbre, un iris japonais et un acacia :
trois petites histoires en forme de leçons*

Le pavot en arbre (*Romneya coulteri*), j'en rêve depuis mon premier coup de bêche. Sa fleur est simplement sublime. Surnommée prosaïquement l'« œuf au plat » tant son énorme pistil est jaune, tant ses pétales sont blanc pur, elle est surtout une reine du jardin. À l'époque, il y a une quinzaine d'années, c'est encore une plante rare, de celles qu'il est difficile de se procurer. Et, rareté oblige, elle coûte cher. Qu'importe ! Ma passion l'emporte et j'en achète une que je m'empresse de planter. Quelques mois passent. Quelques mois pour une mort annoncée. Nulle fleur, un feuillage qui dépérit et... l'échec détesté par tout jardinier. Six fois je recommence. Six fois, le même constat. J'abandonne. Jusqu'au jour où, seulement à quelques kilomètres de chez moi, je me rends chez des amis au bord de la mer et là, j'en vois un, un pavot en arbre, couvert de fleurs, qui galope partout. Pourquoi eux et pas moi ?! L'esprit jardinier m'oblige alors à investiguer. Une rivière traverse le jardin de mes amis. Je remarque que le pavot est planté dans un sol sableux qui agit comme un drain entre les vingt centimètres qui séparent l'eau des racines.

Sitôt rentré chez moi, je m'empare de fers à béton pour construire une caisse en bois de deux mètres sur deux, au fond de laquelle je mets du gravier en charge d'assurer le drainage. Je remplis la caisse de sable sur une hauteur de vingt centimètres au-dessus du sol. Je rajoute un peu de terreau, de la terre et je cours m'acheter l'objet de mes rêves. Aujourd'hui, il mesure deux mètres cinquante de haut. Durant un mois et demi, il m'offre des fleurs d'au moins quinze centimètres de diamètre. Il tend même à s'échapper hors de sa caisse et multiplie les rejets. C'est comme ça. Parfois, avec certaines plantes, il s'agit de trouver la clef qui leur convient. Une exposition et un sol particuliers. Souvent une rencontre suffit à lever le voile du mystère. Quand, au hasard d'une visite, « la » plante est là, au summum de sa beauté. Alors l'esprit se réveille, note, enregistre, analyse, examine, déduit pour reproduire le plus fidèlement possible tout ce qui compose son environnement de prédilection.

L'iris japonais (*Iris japonica*) m'a immédiatement séduit le jour où je l'ai découvert à une fête des plantes. Ses hampes graciles portant sept à huit fleurs au coloris mauve à peine suggéré traduisent une vraie délicatesse. Le pépiniériste à qui je l'achète me conseille de le cultiver comme « tous les autres iris ». Me voilà donc parti avec mes jeunes plants sur les talus exposés plein soleil et au pied de la haie de buis, parmi les fiers iris « barbus » triomphant dès le mois de mai. Déception. Mes pauvres *japonica* font grise mine. Nulle fleur, une tige ramollo, un feuillage virant à la chlorose apprécié par les seuls escargots. Quelque chose ne fonctionne pas, j'essaye de comprendre. À force de regarder, d'envisager, de scruter, je finis par m'apercevoir que les feuilles de mes iris barbus sont grises et mates. Rien à voir avec celles des *japonica*, lustrées et vert profond, lesquelles, en fait, ressemblent à celles des iris « gigot » (*I. foetidissima*) qui, ici, poussent un peu partout dans les dunes de bord de mer, en particulier à l'ombre des bosquets de saules. L'observation a porté ses fruits et, depuis, mes *Iris japonica* prospèrent magnifiquement chez moi, à l'abri du soleil. Cette anecdote jardinière me ramène à la villa Carlotta, sur les bords du lac de Côme, en Italie. Sous d'immenses platanes, j'aperçois de loin ce qui semble être une chute d'eau. En me rapprochant je comprends qu'il ne s'agit en réalité que d'un mince filet d'eau autour duquel une profusion d'*Iris japonica* crée l'illusion d'une cascade. Quelques années passent, je retourne à la villa Carlotta. Les platanes ont disparu ; malades, ils ont dû être arrachés. Sans leur ombre, les iris se sont retrouvés en plein cagnard, ont courbé la tête, se sont étiolés… Le filet d'eau est resté, mais l'illusion de la cascade a disparu.

Le mimosa d'hiver (*Acacia dealbata*), c'est une bêtise. Mais il est de belles bêtises que le jardinier s'accorde le droit de revendiquer. Au début, il ne mesurait que quelques centimètres, aujourd'hui, c'est – malgré moi – le maître de la terrasse. Il est temps que j'évoque ces petits larcins qui accompagnent la vie du jardinier. Il ne s'agit ni de vol ni de préjudice. Juste d'un geste irrépressible, guidé en toute bonne foi par un aplomb à toute épreuve. Oui, un jour, dans un tunnel de jardinerie, j'ai prélevé dix centimètres d'un drageon offert par un mimosa qui, à force de vouloir s'échapper de son tunnel, mettait une folle énergie à se multiplier. Aucune étiquette ne signalait qu'il était en vente. Je savais sa fin proche, malgré son feuillage bleuté, son parfum capiteux, sa luminosité exceptionnelle. Bien sûr le pépiniériste m'a vu faire ; mon statut de très bon client m'a évité une réflexion et j'insiste : devenu disproportionné, ce mimosa était bel et bien promis à l'arrachage. Revenu chez moi, je le plante à proximité de la terrasse, persuadé qu'il ne dépassera pas le stade de petit buisson et qu'une grosse gelée aura raison de lui. Pas du tout.

Après une quinzaine d'années il culmine fièrement au-dessus du toit de la maison et son tronc affiche trente centimètres de diamètre. Dès le mois de mars, il s'en donne à cœur joie dans le registre de folle exubérance ! Se couvrant de fleurs éclatantes au parfum indescriptible à force de concentration. Mais personne ne plante un mimosa au-dessus d'une terrasse, en particulier au-dessus de la table où l'on prend tous les repas dès les beaux jours. D'abord ce sont les fleurs, puis les feuilles qui tombent dans les assiettes et dans les plats. Six mois de l'année à manger du mimosa ! J'ai tout de même fini par tendre un vélum entre lui et moi. Depuis chacun vit en bonne harmonie l'un avec l'autre.

Scène 4

*Guy de Maupassant,
Mademoiselle Julie Romain et moi*

Une fois passé la barrière qui ouvre sur le jardin du Matin, juste après avoir quitté mon âne en osier, les visiteurs se mettraient volontiers pieds nus tant l'herbe qui les accueille est douce. Plus douce qu'une moquette. Tellement parfaite qu'elle semble irréelle, qu'il ne s'agit plus d'herbe mais d'autre chose qui inspire le silence, la tranquillité aussi.
Oui, ici, je suis un maniaque de la tonte. C'est un sujet de plaisanterie infini avec Noëlle Bréham et toute l'équipe de « Silence, ça pousse ! ». Des années passées à expérimenter et à éreinter toutes sortes de tondeuses avant d'en arriver à la tondeuse anglaise et à contraindre le gazon à ne pas dépasser

cinq millimètres de haut. Dominant la terrasse, cet espace – qui paraît beaucoup plus grand qu'il ne l'est réellement – s'apparente à un vide au milieu du bocage, au milieu des arbres et des clos, des fleurs et des feuillages, des bâtiments et du jardin.

C'est aussi « mon » plateau de théâtre. Champ libre où laisser courir mon imagination, vagabonder mon esprit.

Je ne peux m'empêcher d'évoquer, ici, un conte de Guy de Maupassant, *Julie Romain*. Le narrateur se souvient d'un séjour sur les bords de la Méditerranée. Par une journée de printemps, il suit la route qui mène de Saint-Raphaël à l'Italie. Quand, au détour d'une montagne, il s'arrête devant un jardin : « une nappe de fleurs, de toutes les couleurs et de toutes les tailles, mêlées dans un désordre coquet et cherché ». Il fait alors la connaissance de la propriétaire, une vieille dame en qui il reconnaît une ancienne gloire du théâtre parisien, Mademoiselle Julie Romain. « Aucune femme n'avait été plus applaudie et plus aimée, plus aimée surtout ! »

Invité à attendre la vieille dame au salon, il remarque sur les murs les portraits d'un poète et d'un musicien, tous deux célèbres, tous deux disparus, dans les bras desquels elle a jadis connu la passion. « Tout cela sentait l'autrefois, les jours finis et les gens disparus. » L'après-midi se déroule au fil des confidences quant aux joies passées, aux remords aussi. Évocation de ces deux êtres aimés qu'elle finit par confondre, ne gardant d'eux que l'exaltation qu'ils avaient provoquée.

Il accepte de partager le dîner de son hôtesse, d'autant plus volontiers qu'elle lui dissimule un secret qu'elle ne veut pas encore lui révéler. La soirée se prolonge, propice à l'intimité ; le dîner achevé, une promenade au clair de lune les mène dans le jardin. Les orangers en fleur distillent leur parfum « violent et doux », quand, au bout de l'allée baignée par la clarté de la lune, le narrateur distingue un couple, petit marquis et petite marquise d'un autre siècle, mimant une scène galante. Spectacle inattendu, à la poésie empreinte de nostalgie, dédié à un « passé factice, trompeur et séduisant, faussement et vraiment charmant… ». Le narrateur reconnaîtra dans ces tourtereaux de comédie le couple de serviteurs de la vieille dame.

Selon moi, le jardin est empreint de théâtralité. Je songe aux « divertissements » qui se donnaient dans les parcs et les jardins au XVIIe siècle, aux scènes peintes par Watteau. Bien sûr, je n'embauche personne pour venir me jouer la comédie, mais l'imaginaire du jardin est peuplé de présences, de statues qui s'animent le temps d'une belle nuit… Je me souviens du film *Meurtre dans un jardin anglais* dans lequel un personnage mimait des statues, passant furtivement d'un endroit à un autre avant de s'immobiliser. Je pense aussi aux artistes Gilbert and George qui parfois ont posé, peints à l'or, dans différents lieux.

Scène 5

Jours de fête

Tous les ans, à la fin du mois d'août, mon jardin devient théâtre le temps d'une grande fête. Tous les ans, mes amis, les amis de mes amis se transforment en comédiens et comédiennes pour improviser l'histoire que je veux leur raconter. La première d'entre elles mit en scène des pirates à l'abordage du jardin du Matin dans lequel j'avais dressé un immense mât. Puis ce furent les thèmes : La Belle Jardinière, puis un mémorable jardin des Délices ou encore un hommage à Buffon en 2007 pour célébrer le bicentenaire de la naissance du grand naturaliste.

Pour chacune de ces fêtes, le jardin se transforme en un décor onirique, à la manière de celui imaginé par Guy de Maupassant

Page ci-contre : la fête se prépare
et le noyer devient le grand lustre du jardin

pour son héroïne. Un clair de lune, des lanternes accrochées aux branches d'un arbre et le voilà « grand lustre », des guirlandes de lucioles en forme de constellation dans l'herbe de la prairie interdite... C'est la fête, l'imagination est au pouvoir. Ce sont les costumes recherchés, les maquillages délirants, les objets que je ressors... et surtout : le Jardin !

Je ne peux m'empêcher de songer au *Décaméron*. À l'esprit du lieu qui induit les histoires. Comment un même espace transformé par la magie d'un décor et des éclairages peut agir sur l'humeur de l'instant, peut transporter les uns et les autres au gré de l'émotion suscitée. Le miracle du jardin est qu'il se moque des distinctions et des codes sociaux. Il s'offre à tous avec la même ingénuité. Quel meilleur endroit pour converser, pour se retrouver ? Dès qu'ils sont au milieu des plantes, les gens, et ici il s'agit de mes invités, ont tous quelque chose à se raconter, quel que soit le milieu auquel ils appartiennent. Je souris à l'idée que mon jardin soit un lieu de transgression qui, le temps d'une fête, devient salle de bal, sans les lustres, sans les dorures, mais dans lequel les invités sont plus beaux encore... Car, oui, je l'affirme, le jardin a le don d'embellir ses visiteurs. Mon plus grand plaisir est de donner à voir mon jardin. Je ne comprends pas ces collectionneurs qui enferment leurs tableaux dans un coffre-fort qu'ils n'ouvrent qu'à l'abri des regards. Une visite, une fête... et toutes les heures passées à « travailler au jardin » prennent un sens : le plaisir de partager !

ACTE
III

Scène 1

La serre, le coup de vent et les tomates

Je me souviens qu'aux beaux-arts, en réponse à un sujet traitant de la construction d'un habitat, j'avais imaginé un projet de serre. Orangeries, jardins d'hiver, palais de verre et de fer… tous ces lieux dédiés à une re-création de la nature me fascinent. Le silence, la moiteur, les odeurs concentrées d'humus me suggèrent le phantasme d'un univers amniotique. Bulle ? Paradis perdu ? Esquisse d'une improbable botanique qui réunirait l'ensemble des continents, je m'y laisse volontiers embarquer pour des terres lointaines et inconnues. Là, je ne peux m'empêcher d'avoir une pensée reconnaissante envers les « chasseurs de plantes » qui au cours des siècles – parfois au péril de leur vie – ont sillonné le monde pour en rapporter graines et taxons. D'aucuns peuvent objecter que l'existence des serres est « contre nature ». Oui, mais c'est bien leur raison d'être. J'estime l'ingénierie mise en œuvre pour recréer l'illusion des tropiques en un microbiotope. En Cornouailles, j'ai eu l'occasion de visiter l'incroyable Eden Project mené par Tim Smit. J'ai éprouvé une sensation indescriptible en pénétrant dans le plus grand biome – cinquante mètres de hauteur ! – où une forêt tropicale a été reconstituée. Protégée des frimas et de la bruine par une structure d'une légèreté et d'une transparence absolues. Juste par des coussins d'air pulsé entre trois couches de plastique.

Quand « Silence, ça pousse ! » démarre, l'idée s'impose rapidement de monter une serre pour tourner les sujets « potager » un, voire deux mois avant leur diffusion. À l'époque, les secrets du buttage réussi des petits pois sont filmés en plein mois de février, et non en mars comme ils le seraient dans la « vraie » vie. Pour des raisons pratiques – tirer des câbles électriques, entreposer le matériel de tournage, modifier rapidement un texte – j'installe la serre ou plus exactement le tunnel en plastique devant l'atelier, me privant ainsi de la vue sur le futur jardin du Soir, un simple pré à vaches.

Ce qui est alors amusant, c'est de donner l'impression que les sujets sont tournés dehors. Je cultive l'illusion en faisant pousser au nord de la serre une haie de fuchsias, j'installe aussi

des petites barrières et je dessine des plates-bandes en pleine terre pour accueillir les tomates, les petits pois, les fèves, les salades… tout ce qui entre dans la composition d'un potager. À l'image, personne ne peut soupçonner que je ne suis pas en plein air ! Je dois préciser que seules mes mains sont filmées. Et puis, par un jour de forte tempête, le vent – pour une fois salvateur – emporte le tunnel et me rend la vue sur le jardin du Soir depuis l'atelier. Je dois bien avouer que mon regard s'est lassé de l'omniprésence de ma construction en plastique. À quelques pas de là, je dispose d'un champ, hors de toute vue « intéressante ». Le terrain – d'un côté plein sud, d'un autre plein nord – est idéal pour accueillir une nouvelle serre, d'autant que le sol y est « neuf », beaucoup plus fertile que l'ancien qui, au bout de quatre ans, donne tous les signes d'un profond épuisement. Cette année-là, « Silence, ça pousse ! » passe de treize à vingt-six minutes. L'émission élargit son cadre, avec à l'écran non plus la seule présence de mes mains, mais celle du duo que Noëlle et moi formons désormais. Il n'est donc plus question de tourner des sujets d'extérieur à l'intérieur de la serre. Du coup, celle-ci me permet de produire, pour mon plus grand plaisir et pour ma consommation, des légumes primeurs, juste un peu en avance sur la saison.

De la chaleur emmagasinée au cours des jours ensoleillés, un apport conséquent de compost en hiver et dès le mois de décembre, je plante les premières pommes de terre que je

Double-page précédente :
la serre : un simple tunnel de maraîcher

récolte à partir du mois de mars. La roquette et le mesclun s'y succèdent sans discontinuer. J'y sème aussi nombre de fleurs que je repique au jardin dès les beaux jours.

En été et jusqu'à la fin du mois d'octobre, c'est le royaume de la tomate avec trente-cinq pieds et une vingtaine de variétés dont 'Ananas', 'Prune Noire', 'Green Zebra', 'Mirabelle'… De toutes les couleurs, de toutes les formes. Aux saveurs aussi variées que leurs textures. À table, il suffit d'un filet d'huile d'olive additionné de sel et de poivre, d'une poignée de feuilles de basilic et de quelques tranches de mozzarella au lait de bufflonne pour qu'elles composent un régal des yeux et des papilles !

Cette satisfaction du jardinier – le résultat gratifiant – s'accompagne du plaisir de progresser dans ma connaissance des plantes tout en pratiquant un jardinage cent pour cent respectueux de leur santé et de la mienne, de l'équilibre du sol et de la pureté de l'air.

Dans ce tunnel, j'expérimente la meilleure façon de cultiver les tomates sans aucun traitement. Pour chaque pied, je creuse un trou assez profond dans lequel je mets une grosse poignée d'orties hachées. Je rajoute suffisamment de terre mélangée à du compost pour que les racines des tomates ne soient pas, dès la plantation de la motte, en contact direct avec les orties. Au bout de quelques semaines, les orties auront pourri et en grandissant les racines des tomates iront y puiser de quoi se nourrir et se fortifier. Il est primordial de conserver au sol une humidité constante en l'arrosant, même en hiver, au minimum une fois par mois. L'absence d'eau transformerait rapidement la terre en poussière stérile. Comme toujours au printemps, les mouches blanches font leur apparition dans la serre. Là, elles ont affaire au tagète de Lemmon (*Tagetes lemmonii*), un parent botanique de nos œillets d'Inde dont le feuillage aromatique agit comme un répulsif.

Entre juin et octobre, je laisse les portes de la serre continuellement ouvertes. L'aération provoquée par ce courant d'air constant empêche la condensation de l'humidité qui, sinon, retomberait sur les feuilles et provoquerait l'apparition du mildiou. En hiver, la serre se remplit avec les plantes les plus frileuses du jardin, dont je sais qu'elles ne supporteraient pas un coup de gel. Les agapanthes persistantes dont le feuillage est sensible au froid y prennent aussi leur quartier d'hiver.

Dans le futur jardin de l'Après-midi, je prévois d'adosser à la maison une serre faite de verre et de métal, un peu comme je l'avais rêvée quand j'étais étudiant.

Page ci-contre : « Silence, ça pousse ! », ça tourne !

Scène 2

*Question de style :
le potager et le jardin de salades*

Alain Rey rappelle dans son *Dictionnaire historique de la langue française* (Le Robert) que le mot « potager » est un dérivé du terme « potage » qui désignait les « légumes pour le pot ». En 1998, il devient évident que je dois concevoir un potager pour les besoins de « Silence, ça pousse ! », ne serait-ce que pour tourner les sujets « légumes ». La question est de déterminer l'endroit qui lui sera consacré. Et aussi de prévoir sa taille et sa forme : long ? large ? triangulaire ? Je choisis de m'inspirer d'un concept classique : quatre carrés distribués par deux allées en croix de deux mètres de large, à la jonction desquelles je place la fameuse cuve à saumure de mon grand-

Page ci-contre : l'ail est noué afin de l'empêcher de fleurir

père, si pratique pour arroser et nourrir le jardin avec, comme je l'ai expliqué précédemment, les diverses macérations que j'y pratique. L'intention classique est signalée dès l'extérieur par un portail en fonte que je laisse toujours entrouvert, encadré par mes deux pommiers tiges en caisses.

Pour que le potager fonctionne avec le reste du jardin et afin de mieux le préciser, je structure l'intérieur des plates-bandes avec des bordures de thym que je surélève sur du sable pour les protéger de l'humidité du sol ; je dispose quelques boules de buis pour signaler les angles. À l'extérieur, j'encadre le potager avec des pommiers en cordons qui lui donnent une note un peu précieuse.

Mon potager me nourrit. Il est donc d'une surface raisonnable adaptée à mes besoins et au temps que je peux lui consacrer. Je suis ravi d'y cultiver des légumes un peu rares pour lesquels je développe un vrai goût comme le panais de Guernesey, les pâtissons, les choux-raves, les haricots beurre... Je raffole de l'arroche rouge (*Atriplex hortensis* 'Rubra') – une grande classique oubliée du potager. J'en laisse quelques-unes grandir jusqu'à maturité pour en récolter un maximum de graines. Comme je ne mange que les jeunes pousses en salade, j'ai besoin de multiplier les semis pour obtenir suffisamment de plants tout au long de la saison. Je n'ai pas encore testé les tubercules des capucines tubéreuses qui se cuisinent comme des petites pommes de terre.

Page ci-contre : floraisons au potager

Page ci-contre : les feuilles de courgettes
trouvent leur place parmi les roses

Tous les ans, aux côtés de mes curiosités, je me lance dans des plantations plus classiques. Bien sûr, leurs saveurs me surprennent toujours. Mais, souvent, je suis frappé par la beauté de certaines d'entre elles au point de les planter dans d'autres plates-bandes fleuries du jardin. Je pense au feuillage marbré des courgettes ou à la parfaite sphère violette formée par la fleur de poireau.

Dans ce lieu très cultivé, un peu trop sérieux dans son classicisme, j'éprouve le besoin d'apporter une note joyeuse, un objet un peu de guingois qui ne craint pas le ridicule. Chaque année, je crée donc un nouvel épouvantail avec tout ce qui me tombe sous la main : des vieilles poêles à frire, des moulinets de cannes à pêche, des ficelles de chanvre, des bouts de racines... Une année, je peux lui donner figure humaine avec des vieux vêtements, des chapeaux, toutes ces choses qui ne servent plus. Un visiteur peu averti pourrait imaginer que je veux faire peur aux oiseaux. Lesquels, j'en suis persuadé, n'ont peur de rien. Non, j'obéis plutôt à une forme de rituel, une manière de marquer, d'être là, présent. Une façon de dire que l'endroit est habité.

J'aime les objets du potager. À eux seuls ils composent un lexique particulier témoin de la « culture potagère ». Ce sont les belles et précieuses cloches en verre, celles aussi que je réalise en osier ou en grillage pour protéger les jeunes plants de la voracité des lapins ou encore toute une batterie d'arrosoirs et de brocs... Tous ces objets qui reviennent régulièrement dans

Page ci-contre : graines de poireau et de persil
Double-page suivante : fenouil bronze en fleur

les magazines « art de vivre » signifient, ici, l'« art de jardiner ». J'ai établi une drôle de relation avec mon potager. Au départ, j'étais plutôt rétif à l'idée de me replonger dans ce qui m'avait tant ennuyé durant l'enfance. De cette somme de travail qui courbait le dos de mon grand-oncle toute la journée, par tous les temps. Comme pour m'éloigner de ces souvenirs, j'ai, dès le début, voulu créer un potager qui soit le plus joli possible. Et puis, bien malgré moi, j'ai dû me plier aux contraintes des récoltes. Ce surcroît de travail qui ne peut attendre, qui ne peut être remis. Insidieusement, le plaisir de ces mêmes récoltes n'a pas tardé à se manifester. Au point que mon potager est finalement devenu trop petit.

Quatre ans plus tard, quand la première serre s'envole, elle libère un espace qui donne directement sur la terrasse de l'atelier. Je prends le temps – tout l'été – pour décider de ce que je veux en faire. La réponse est à quelques pas de là, dans le potager devenu trop petit. Je décide donc d'y créer un jardin de salades. Sa proximité avec les bâtiments répond à la logique même du potager, qui n'est autre qu'une logique de vie « pratique ». Dois-je conserver les allées de l'ancienne serre, ou au contraire, tout chambouler ? J'opte pour la première solution. Je dessine des carrés dont je délimite les contours par des mini-haies d'aromatiques et de petits buis. J'aménage l'intérieur selon un schéma graphique : des damiers composés par des buis disposés en lignes latérales et en diagonales. Le

Page ci-contre : le jardin de salades

long de l'allée, j'installe une haie de sauges que je ponctue de grands pots en béton armé noir que j'ai fabriqués pour une émission, dans lesquels je plante des osiers travaillés en tige et des lavandes. Sur une longueur, je mets de grandes vivaces dont les feuillages me caressent quand je me rends dans la plate-bande qui les jouxte. De l'autre côté, le regard est attiré par une haie mouvante de hautes graminées qui longent l'extérieur du jardin.

Mon désir d'architecturer le jardin de salades me conduit à y introduire de la topiaire dont la géométrie évoque immédiatement cette notion de lieu civilisé que je veux absolument traduire. Depuis, j'ai eu l'occasion de visiter des jardins anglais inspirés du mouvement *Arts and crafts* qui prônait au tournant du XIXe siècle le sens du lieu et de la vie dans un jardin. J'y ai retrouvé les buis taillés à proximité de la maison. Je me suis rendu compte que j'étais dans cette même logique. Chez moi, non seulement le jardin de salades est proche de l'atelier et de la maison, mais il longe également les ruines de l'ancienne ferme. Tout ici parle de présence humaine.

Deux ans passent. Le jardin de salades commence à ressembler à ce que j'en attendais : son dessin est lisible, tracé par les haies de buis qui se sont étoffées. Pourtant, il ne parvient pas à s'intégrer au reste du jardin du Soir. Il me fait penser à un radeau dérivant en plein milieu de la mer, sans attache, perdu dans un océan de verdure.

Un jour, alors que je me promène dans La Serre de la Madone à Menton, je tombe sur un endroit totalement dissonant : après trois bassins inspirés du XVIIIe siècle, le jardin débouche brutalement sur une restanque, une succession de terrasses en pierres sèches plantées d'oliviers. Le paysage provençal le plus traditionnel qui soit : magnifique dans sa rude authenticité, mais sans aucune harmonie possible avec le classicisme affirmé du premier où angelots et nymphes se côtoient sur des ourlets de meulière. Je sais bien que Lawrence Johnston est imprégné des principes de l'*Arts and crafts*, qu'il ne peut être que sensibilisé aux arts et traditions populaires. Mais là, je ne comprends pas. L'après-midi, j'ai l'occasion de me plonger dans les archives de La Serre de la Madone. Je tombe alors sur une photographie prise en 1936. Entre le jardin aux trois bassins XVIIIe et la restanque, je distingue la présence d'une treille dont le dessin reprend la forme frontale d'une villa palladienne. Une légère construction de bambous noués qui laisse couler quelques plantes. Comme un signal visuel qui n'occulte rien de ce qui se passe de part et d'autre, mais qui marque par sa présence l'invisible frontière entre deux mondes. En regardant cette photographie, je comprends l'importance de la transparence au jardin. Je retrouve les artifices du théâtre où un simple tulle permet au regard du public de passer d'un endroit ou d'un temps à un autre. Sans que rien ne se dilue, sans que rien ne se mélange ou ne prête à confusion.

De retour chez moi, je construis, dans le fond du jardin de salades, une treille semblable – façon villa palladienne – avec de grosses cannes de bambou venues d'un jardin voisin. Deux rosiers grimpants – 'Alister Stella Gray' et le sublime 'Neige d'Avril' – s'en sont emparés et en font oublier la structure. Tous les ans, je les taille de façon qu'ils évoquent une porte. Ouverte sur le jardin du Soir, sur ce qui se passe au-delà, là-bas, après le trait d'eau, sur les clos devenus lointains.

Double-page précédente :
rosier 'Neige d'Avril' sur le treillage de bambou

Scène 3

Le bocage, une interprétation en forme d'hommage

Je dois avoir quatorze ans. Je suis chez mon grand-oncle Louis quand j'assiste à une scène qui, plus tard, influencera ma vie de jardinier.

Un vieux cantonnier que je connais travaille dans l'une des « chasses » proches de la maison – ces chemins encaissés, bordés de chaque côté par un fossé surmonté d'un talus, qui sillonnent le bocage.

Je le vois encore reprendre un talus qui s'était affaissé. Fasciné, j'observe la dextérité avec laquelle il redonne, d'abord, sa forme initiale au fossé. Comment il le creuse en y prélevant, simplement à l'aide de sa bêche, des mottes en forme

de parfaits parallélépipèdes rectangles ; mottes qu'il monte comme des pierres pour un mur afin de reconstituer le talus. Les faces herbeuses à l'extérieur pour qu'à l'intérieur le système racinaire, intact, puisse à nouveau s'entremêler avant de se frayer un chemin dans la terre. Chaque geste est parfait. La consistance de la terre – ni trop sèche ni trop humide – montre qu'il s'agit du moment idéal. Une fois que le vieux cantonnier achève de remonter le talus, celui-ci est rigoureusement droit. Quelques mois plus tard, il sera fixé pour de nombreuses années par les racines des herbes et celles des petites aubépines plantées à son sommet.

Depuis ce jour, je ne regarde plus de la même manière le paysage du bocage. Je comprends qu'il est entièrement façonné par la main de l'homme. J'ai conscience de ce qu'il exige en termes de travail difficile et précis dont les gestes sont ceux d'un artisanat accompli. Je connais son intelligence qui le préserve des coups de vent lors des tempêtes, qui le draine quand la pluie ne cesse de tomber, qui lui permet d'entretenir toute une petite faune alliée, vitale pour son équilibre. Et puis le bocage, c'est aussi cette « forêt linéaire » qui assure toute une économie liée aux usages du bois – de la construction au chauffage en passant par la fabrication d'ustensiles de toutes sortes.

Mes jardins portent l'empreinte du bocage, de ses essences, de ses volumes, de sa logique, de ses techniques aussi. J'ai

Double-page précédente : les poteaux en saule ont pris racine et sont taillés en boule

voulu instaurer un dialogue pour que chacun d'eux converse avec ce paysage, en particulier le jardin du Soir qui, à son extrémité, m'évoque la proue d'un navire pénétrant dans l'océan d'une prairie.

Loin de moi le désir de recréer à l'identique le bocage. Il ne s'agirait plus de jardin. Mais cette résonance que j'établis avec lui me donne une grande liberté de création.

J'interprète ce que les gens faisaient autrefois. Pour protéger mes plantations des vents d'ouest, je reprends les techniques des haies plantées sur les talus ; je remonte la taille de l'une d'elles, composée de noisetiers, d'aubépines et de lilas sur une hauteur de soixante-dix centimètres. Aujourd'hui, elle dépasse deux mètres et abrite les rosiers qui, auparavant, étaient brûlés par l'air marin.

À proximité de l'atelier, en surplomb de la chasse qui longe le jardin du Soir, se trouve la « salle à manger » : une alcôve invisible depuis le reste du jardin, protégée par un pignon de l'ancienne ferme et par un plaqueminier aux magnifiques couleurs automnales.

C'est l'endroit où je sers un verre de cidre ou de jus de fruit aux personnes venues visiter le jardin.

Je l'appelle la salle à manger bien que je n'y déjeune jamais, mais sa configuration fait vraiment penser à une « pièce », dont l'un des murs n'est autre qu'une haie de huit camélias qui dissimule le chemin en contrebas. Si on emprunte ce

chemin, il suffit de lever la tête pour voir les camélias culminer sur le talus où ils s'intègrent parfaitement à la végétation traditionnelle en y ajoutant une note fleurie et inattendue, du mois d'octobre à la fin du mois de mai.
C'est un des stratagèmes que j'utilise pour « pervertir » le bocage en le jardinant.
Au bout de quelques années, je réussis à transformer en parfait parallélépipède rectangle une haie de pruniers sauvages qui semble répondre par sa « rugosité » à la douceur d'un *Cryptomeria japonica* 'Elegans Viridis' que j'ai introduit ici pour sa finesse et son élégance. J'aime particulièrement ces jeux de matières. En plus, ce bel arbre persistant est pourvu d'un feuillage qui retient prisonnières les gouttes de pluie ou de rosée, qui le font scintiller dès qu'un rayon de soleil se pose dessus.
J'ai aussi installé une haie de charmes le long du jardin que je taille au millimètre près, pour un contraste heureux avec les haies libres avoisinantes. J'imagine des tailles particulières pour proposer une vision différente de certains arbres. Ce sont des saules menés en sphère parfaite, des aubépines en parasol...
Un jour, en taillant une aubépine, j'ai la surprise de découvrir qu'elle sert de support à une très ancienne vigne. La proximité des ruines d'une étable détruite par un incendie me permet de comprendre qu'à l'origine cette vigne devait grimper le long du bâtiment. Celui-ci disparu, elle s'est donc « servie » de l'arbre pour repartir à la conquête du ciel. Depuis, l'aubépine

arbore une silhouette en parasol, de sorte que la vigne est bien visible. Toutes deux mêlent leurs feuillages aux tonalités différentes. Quant au cep, il se contorsionne dans tous les sens pour s'enrouler autour du tronc de l'aubépine. Mon travail, dans ce cas précis, a été de mettre en valeur ce qui était là, déjà en place depuis des dizaines d'années.

Lors du défrichage progressif du jardin du Soir, je conserve un certain nombre d'arbres que l'on trouve dans le bocage : les aubépines, les frênes, les hêtres, les pommiers, les chênes… Bien sûr, je pourrais les remplacer par des essences plus précieuses. Mais cela ne m'intéresse pas. Je préfère rechercher les plus belles variétés de ces arbres que ce soit pour des silhouettes inattendues, des floraisons ou encore des feuillages remarquables. Je tiens à cette cohérence avec le paysage qui révèle l'âme du jardin, qui participe du sentiment de grande quiétude qui y règne. Les visiteurs me disent que les plantes ont l'air de pousser en harmonie les unes avec les autres, qu'ils éprouvent un sentiment de paix et de douceur.

Aux pieds de tous ces arbres et arbustes, je fais pousser toute une armada de clématites. Je pense à la clématite 'Purpurea Plena Elegans' (*C. viticella*) dont, en été, on ne voit la guirlande croulant sous des centaines de fleurs que depuis certains endroits, tant elle est parfaitement dissimulée dans la cime d'une aubépine. C'est toujours un effet de surprise quand, par hasard, le regard se pose dessus. Au pied d'une autre, j'ai planté une vigne vierge (*Ampelopsis brevipedunculata*) qui, une fois adulte, donnera des baies bleu turquoise. Le spectacle sera splendide quand, à l'automne, elles seront associées aux baies rouges de l'aubépine. Dans un frêne, j'ai dû aménager le parcours d'une clématite blanche (*C. viticella* 'Alba Luxurians') qui n'arrivait pas à s'accrocher sur le tronc tout à fait lisse de l'arbre. Je l'ai aidée en gainant le tronc de branches de tamaris liées avec des brins de saule. Aujourd'hui, elle a fini par atteindre la ramure, où elle se débrouille toute seule. Ailleurs c'est un rosier 'Wedding Day' qui, à l'assaut d'un saule, le transforme en merveilleux arbre à fleurs.

J'agis de même dans le jardin de l'Après-midi où je plante aux pieds de la haie une foule de clématites et de chèvrefeuilles délicieusement parfumés ; dans cette haie émergent de vieux chênes auxquels j'ai associé des hortensias grimpants (*Hydrangea petiolaris*) ou encore le formidable rosier 'Toby Tristam' qui tire des lianes de huit à dix mètres.

Page ci-contre :
le vieux cep de vigne à l'assaut de l'aubépine

Scène 4

*Petit intermède autour du bocage,
où il est question de barrières, de vaches,
de brebis et de prairies*

Il est un autre élément du bocage dont mes jardins ne sauraient se passer. Ce sont les barrières. Celles qui sont là depuis toujours, qui donnent sur l'extérieur du jardin et que l'on retrouve dans les champs alentour : les cotentines aux lices verticales et les saint-loises aux lices horizontales. Et puis, celles que j'ai fabriquées.
Je me souviens d'un texte à propos du film de Luchino Visconti, *Gruppo di famiglia in un interno*, dans lequel l'auteur soulignait l'importance des lieux de circulation tels que les escaliers, les paliers, les embrasures de porte. Je considère que les pièces du jardin sont des pièces à part entière. Avec des

Page ci-contre : valériane gardienne de l'entrée du jardin du Matin

murs transparents, des murs opaques, avec des limites que je suggère par des barrières – toujours entrouvertes – qui n'empêchent pas de passer, physiquement, de l'une à l'autre, mais qui signalent – symboliquement – le passage d'un univers à un autre. La barrière de la prairie interdite, dans une logique qui n'est pas la mienne, devrait être la plus importante, la plus défensive. C'est tout le contraire. Ridiculement basse, c'est plutôt un objet qui consiste en quelques branchages assemblés. Le potager n'est devenu un lieu à part entière que le jour où j'ai installé le portail. C'est la même histoire avec l'arche palladienne dans le jardin de salades. Au fond du jardin, au-delà du trait d'eau, de la « proue du navire », c'est aussi une barrière de branchages, tout en transparence, qui ouvre sur une tout autre histoire que celle du jardin. Je dois tout de même avouer que certaines « vraies » barrières sont nécessaires. Je me souviens d'un troupeau de vaches qui s'était égaré sur la pelouse du jardin du Matin... Elles ne s'étaient pas trompées de lieu, car c'était bien au petit matin qu'elles avaient décidé de ravager ma pelouse à quatre jours d'une visite des jardins !

La serre, sur un côté, et le fond du jardin du Soir jouxtent les clos et les prairies dans lesquels ma mère laisse paître une dizaine de brebis. Des brebis aussi jolies que celles des dessins animés, avec une tête noire, une laine toujours blanche ébouriffée sur leurs fines pattes. Au cours des visites du jardin, elles ne peuvent s'empêcher de s'agglutiner, le long du fil électrique

Page ci-contre : la proue du jardin du Soir,
le bocage à l'horizon

qui les sépare de la serre. De là, elles suivent tous nos mouvements, nous dévisagent, visiblement passionnées par cette animation soudaine qui vient rompre leur quotidien. Au bout d'une demi-heure, alors que notre groupe de visiteurs arrive au fond du jardin, à la fameuse « proue du navire », les brebis sont de nouveau là, après nous avoir suivis par leur propre chemin. Toujours aussi curieuses, toujours aussi intriguées. Pour le plus grand plaisir des visiteurs. La présence animale appartient au paysage du bocage. C'est ce que je rappelle avec l'âne en osier au début de la visite, c'est un troupeau de vaches qui se rend d'un pré à un autre, ce sont aussi les brebis dans les clos. Je les entends, je les vois depuis mes jardins. Comme pour rappeler qu'ils appartiennent à cette histoire.

Un jour de juin, je décide de tourner le sommaire de « Silence, ça pousse ! » dans la prairie qui prolonge le jardin du Soir. Juste avant qu'elle ne soit fauchée. C'est une idée assez loufoque. Les champs, en général ne sont vus que de loin, ou alors depuis la cabine d'un tracteur. Après nous être installés dans deux gros fauteuils, très bas, Noëlle et moi nous retrouvons avec de l'herbe quasiment jusque sous le nez. Et là, je reste fasciné par la richesse, par la folle diversité que je découvre. Des dizaines de variétés de plantes en pleine maturité donc parfaitement lisibles, toutes sortes d'insectes ! Une vraie prairie qui est fauchée une fois par an et dans laquelle les vaches ou les brebis vont paître. Une prairie qui a échappé – comme l'ensemble

Page ci-contre : plessis vivant d'osier et cornouiller (*Cornus alba* 'Sibirica')

des champs autour de chez moi – aux labours, à l'ensemencement de maïs, de ray-grass ou de toute autre monoculture qui détruirait cette grande biodiversité. J'aurais pu aussi décider de la transformer en un océan de centaurées (*Centorea*) ou de phacélies (*Phacelia*), entièrement bleu. Mais non. Je ne veux pas de cela. Je ne veux pas labourer cette terre qui n'a pas été touchée depuis des dizaines d'années. Durant la dernière guerre, elle a produit du blé, mais, depuis, plus rien.

Je plains les Anglais qui ont perdu plus de quatre-vingts pour cent de leur richesse botanique, à force de labours, de traitements, juste pour offrir au regard un paysage parfaitement propre et bien peigné. Ce n'est pas mon histoire.

Ce sont pourtant à deux Anglais que, une fois de plus, je tiens à rendre hommage ici. À Lawrence Johnston et à Christopher Lloyd. À ce sens de la nature et du paysage qu'ils ont développé dans leurs jardins. Comme à Hidcote Manor, quand, à un moment donné, le jardin se relâche subrepticement. Et tout d'un coup, il n'est plus là. Une simple barrière de bois – ou plutôt un bâton posé horizontalement – et le regard est happé par la campagne.

Page ci-contre : pommier colonnaire 'Versailles'®

Scène 5

Chambres secrètes

En plein défrichage de ce qui deviendra le jardin du Soir, je m'attaque aux ruines dont j'ignore encore l'importance car elles sont ensevelies sous quatre à cinq mètres de ronces. Il s'agit d'une ancienne ferme qui, après avoir été abandonnée, a été incendiée dans des conditions demeurées mystérieuses. Une partie des pierres a été vendue, puis l'endroit a changé de propriétaire et s'est peu à peu transformé en casse sauvage, cimetière pour des carcasses de voiture, totalement livré à la végétation. Au prix d'un travail long et pénible, je dégage des murs à moitié écroulés et les pignons, eux aussi, en partie effondrés.

Je commence à imaginer une nouvelle histoire à partir de ce paysage bouleversé quand je découvre, avec émotion, un trottoir qui, longeant l'ancienne ferme, devait en distribuer les différentes pièces pour mener jusqu'au puits, accolé à l'ancienne cuisine. Son pavage est remarquable, constitué de grandes dalles de pierre, chacune d'elles mesurant un mètre de long sur soixante-dix centimètres de large. Je décide de lui conserver son rôle, sauf que les pièces distribuées seront désormais des chambres de verdure abritant, chacune, un petit jardin thématique. Cette démarche m'est naturelle. Elle me renvoie à l'époque du théâtre, quand je m'appropriais un lieu afin de le détourner pour y raconter une histoire.

Ce qui reste des murs me permet d'isoler ces différentes chambres auxquelles les pignons apportent leur structure verticale, support idéal pour des grimpantes.

La chambre la plus exposée au soleil et la plus protégée du vent se prête à la composition d'un paysage méditerranéen. Le sol étant de la terre battue, je dois y déverser des tombereaux de compost et de terre avant d'y installer des palmiers, dont un *Chamaerops humilis* qui forme un buisson aux longues feuilles vert bleuté. Le pignon est recouvert par un splendide jasmin grimpant (*Jasminum officinalis*) à la délicate floraison estivale, parfumée et blanc pur. Un fragile plumbago du Cap (*Plumbago auriculata*) tente, avec plus ou moins de bonheur, d'y investir un mur.

La deuxième chambre est dédiée au paysage de sable. C'est mon désert. C'est aussi l'endroit qui me demande le moins de travail. Je me contente d'y disposer toute une colonie de plantes grasses qui passent l'hiver à l'abri, dans l'atelier à quelques mètres de là. Plantés en pleine terre, des *Dasylirion* mexicains ainsi qu'un *Yucca* (cadeau initialement prévu pour la maison) se sont parfaitement adaptés. J'attends avec impatience qu'un été les longues inflorescences dressées des *Dasylirion* participent du dépaysement proposé dans ce petit jardin. J'ai conservé un lierre qui habille les murs, je devrais plutôt dire « qui tient les murs ». Je me contente de le tondre deux fois par an pour qu'il reste bien ramassé contre les pierres. Sur un muret, les camomilles maritimes (*Anthemis maritima*), au beau feuillage gris, rappellent que nous sommes à quelques kilomètres des dunes du bord de mer. Dès la fin du printemps, elles donnent des fleurs qui ressemblent à celles des marguerites, que je rabats pour obtenir une seconde floraison au cours de l'été.

Je décide de décaisser la troisième chambre sans trop savoir ce que je vais y faire. Les pierres que j'en extrais s'entassent dans la chambre suivante. Au bout de deux jours... Je n'en peux plus ! J'ai le dos en piteux état et tout un chapelet d'ampoules sur les mains. Je suis là, à charrier ces tas de cailloux, quand je réalise que je ne sais même pas à quoi rime toute cette dépense d'énergie ! Alors, je prends le temps de réfléchir. Je regarde le mur. Je vois qu'il est magnifique, d'autant que j'y ai

déjà fixé une multitude de plantes fleuries soit sous forme de petites boules de terre, avec des graines à l'intérieur, soit avec des plants en mottes minuscules, que j'ai « colmatées » dans les joints d'argile. Toutes ces plantes recouvrent désormais le mur : les hélianthèmes, le romarin rampant (*Rosmarinus officinalis* 'Prostatus'), les érigérons, les campanules, les pervenches violet foncé et des blanches, les érodiums… Je comprends que mon intervention doit se limiter à la mise en valeur du mur. Je reprends le principe du trottoir qui longe l'ancienne ferme sous la forme d'une longue marche qui l'isole du sol. Puis j'achève de structurer la chambre par une paire de carrés de buis et de topiaires en forme de cône. Interprétation tout à fait personnelle d'un petit jardin à la française.

Avec toutes les pierres que j'y ai entassées, la quatrième chambre est prête pour accueillir un jardin d'alpines avec, à l'ombre, des plantes de rocaille fraîche et, au soleil, des plantes de rocaille sèche. J'y installe une foule d'espèces différentes car ce type de jardin ne peut se passer d'une profusion de plantes sous peine d'être particulièrement ennuyeux.

Au soleil, je plante du chardon blanc à l'allure de succulente (*Eryngium agavifolium*), des cyclamens un peu rares, un géranium de Madère (*G. maderense*) qui s'est si bien adapté qu'il se ressème ou encore des œillets d'ici qui poussent dans les dunes (*Dianthus gallicus*). J'ai également planté des graminées que je surveille de près pour qu'elles ne jouent pas les envahisseurs.

À l'ombre, j'assure une végétalisation fleurie avec des pavots jaunes (*Meconopsis cambrica*), des anémones pulsatilles (*Pulsatilla vulgaris*), toute une colonie de campanules, d'ancolies (*Aquilegia*) et de bulbes.

Cette chambre de rocaille est l'un des endroits du jardin qui me donne le plus de travail. Lors du désherbage, je m'y sens un peu comme Gulliver au royaume des Lilliputiens tant tout y est si petit, si minutieux.

Mais quel plaisir de passer d'une chambre à l'autre, d'un univers à un autre, de profiter aussi du parfum du céleri sauvage (*Apium graveolens*), de la tanaisie (*Tanacetum vulgare*) et de la rue (*Ruta graveolens*) qui poussent à proximité. Enfin, pour fermer l'ensemble des chambres, j'ai planté un groupe de splendides hydrangéas dont *H. villosa*, l'un des arbustes asiatiques qui m'a toujours fait rêver.

Scène 6

L'éloge du pourri

Cela peut sembler étrange d'achever un livre consacré au jardin par un éloge du « pourri ». Que les sceptiques rebutés par ce terme songent à la pourriture noble à l'origine de certains grands crus tels que le sauternes !

J'ai déjà abordé l'importance des purins d'ortie et de consoude ainsi que celle des macérations d'osier pour la bonne santé de mes plantes. Une bonne santé à laquelle contribue le compost – cet aliment dont le jardin me fait le cadeau. Là aussi, j'ai mis un certain temps avant de savoir l'utiliser.

J'ai commencé par introduire du fumier au potager dans lequel il n'était pas question que je fasse entrer des engrais manufac-

Page ci-contre : grande capucine dans le compost

turés. Le résultat laissait à désirer, soit le fumier n'était pas assez mûr, soit la terre était trop pauvre et les quantités insuffisantes. Par manque d'expérience, ces pratiques me faisaient un peu peur. Une histoire de dosage compliqué.

Peu à peu, je me suis familiarisé avec l'élaboration du compost. Un mélange de végétaux issus du jardin (les tontes, les coupes de haies et de plantes vivaces arrivées en fin de cycle) et aussi de ce qui provient de la cuisine (les épluchures, les coquilles d'œuf, le marc de café…). Matière précieuse entre toutes qui agit doucement, sans aucune violence, sur la terre et les racines. Les règles qu'impose le compost en termes de « travail » se résument à un tri ; sinon, il ne demande rien d'autre qu'un endroit où laisser tranquillement le temps agir, où laisser les choses se décomposer. Aujourd'hui, plus rien d'arraché, de taillé ou de tondu ne sort du jardin. Tout va au compost. Tas en putréfaction, peu amène, que mes capucines tentent de faire disparaître sous leur floraison.

Peu à peu, je vois et je comprends son action sur mes plantations. Ma satisfaction grandissante quant aux récoltes de légumes au potager, quant à la robustesse des plantes des jardins lui est due. Et la sensualité immédiate quand je laisse filer la terre de compost entre mes doigts, si noire, si bien élaborée, comme une promesse d'Éden !

Et puis, il y a les paillis. À l'extérieur du jardin, je récupère le petit bois issu du recépage des haies du bocage, trop fin pour être utilisé en bois de chauffe. Tous les ans, je loue une grosse broyeuse industrielle et, durant une journée entière, tout ce petit bois, essentiellement des branchages des arbres caducs, des aubépines et des noisetiers, y est haché menu. Cette journée est l'occasion d'inventer une fête annuelle. Une célébration toute personnelle, autour de la broyeuse, autour de cette histoire de renouvellement.

Ce paillis garnit toutes les plates-bandes. Il signifie, dans la réalité du jardinier, cinq fois moins de sarclage ! Il protège le pied des grands arbustes autour desquels la tonte est facilitée. Il convient aux rosiers, qui, depuis que je les paille, se portent nettement mieux, renforcés contre cette sale bête à chagrin qu'est le mildiou.

Purins, macérations, composts, paillis... procèdent du temps et de la décomposition qui permettent au jardin de se régénérer d'une année à l'autre.

Dans la nature, tout cela se fait naturellement. Et le jardinier que je suis ne peut s'empêcher de s'adapter à ce cycle. C'est à la fin de l'automne que mes jardins me disent STOP. Même si, en prévision de la morne saison, je les pare de floraisons remarquables et de silhouettes aux feuillages persistants, tout m'incite au dédain. Tout m'incite à oublier quelque temps les arbres, les arbustes, les vivaces, les bulbes... Je sais qu'ils sont là, que tout se trame malgré moi, malgré mon absence d'entrain, malgré mon repos de jardinier.

Double-page suivante :
le Gunnera manicata s'est replié sur lui-même
afin de passer l'hiver

J'ai beau chauler mes pommiers pour un peu de clarté, mes splendides *Gunnera manicata* tentent de s'élever contre le bien-fondé de mes intentions. À la fin de chaque automne, ils se transforment en pachydermes échoués, asphyxiés, n'en pouvant plus de leurs lourdes feuilles. Leur apparence est cependant trompeuse. S'ils semblent s'affaler, c'est que j'ai coupé leurs feuilles pour protéger leurs pieds du froid. À la fin de l'hiver, ce parapluie végétal finit par se décomposer avant d'être transpercé par de nouvelles pousses.

Oui, je l'avoue, à la fin de l'automne et au début de l'hiver, mon jardin me dégoûte. Pour un temps, juste pour quelques semaines. J'aperçois depuis mes fenêtres mes objets d'osier, mes poules et leurs poussins, mes histoires fugaces et éphémères, prêtes à être englouties par la pourriture, prêtes à disparaître. Le regard se lave, l'esprit se vide afin de laisser place à de nouvelles propositions. Tout réinventer, rénover... En quelques mots : imaginer des histoires inédites pour faire évoluer mes jardins.

Page ci-contre : un peu d'humour !

Épilogue

Il m'est arrivé d'éprouver un sentiment de doute vis-à-vis de mes jardins. « Ce » jardin est si démultiplié aux yeux des téléspectateurs que certains imaginent plusieurs lieux de tournage et non pas un seul et même endroit. Il est vrai que la succession des émissions les transporte d'un jardin d'alpines à une prairie de bocage, d'un désert mexicain à un potager à la française, d'un jardin méditerranéen à un jardin *Arts and crafts*... Et moi, une fois seul, loin des caméras, j'ai parfois ressenti une forme de vertige. Tous ces espaces dépliés ne risquaient-ils pas de se heurter, de se confronter sans aucune cohérence ?
Instinctivement, je me suis fixé pour discipline de ne jamais travailler contre ce qui existait déjà. Je pense aux ruines, au bocage, à ses essences et à son architecture. À l'omniprésence de l'osier dans les objets que je fabrique, dans les barrières et les paravents qui rythment et délimitent les espaces. Tous ces éléments constituent l'épine dorsale de mes jardins autour

de laquelle, sans heurts, viennent se greffer les différentes histoires que j'y mets en scène.

Mon expérience de jardinier m'a fait comprendre que le rapport à la terre impose de la force. Entre mes plantations des débuts et celles d'aujourd'hui, mes désirs ont évolué. Aux « jolies » fleurs, je préfère désormais des associations plus violentes, des contrastes plus marqués. Plus j'avance dans l'apprentissage du jardin et dans la connaissance des plantes, plus je recherche des végétaux qui soient solides, qui établissent des relations dynamiques avec leur environnement. J'aime la puissance qui émane des grandes vivaces, le caractère sauvage et conquérant des graminées, la folle énergie des grimpantes. J'ai appris à négocier les espaces libres autour de certaines plantes, comme autant de respirations. Le jardin ne saurait être du remplissage. Je me souviens de la visite, à Copacabana, du jardin de Burle Marx, l'un des plus grands paysagistes de la seconde moitié du xxe siècle. Musicien, il a su y matérialiser le temps de silence.

Le silence qui, dans l'oreille, laisse vivre une note de musique après qu'elle se soit tue. Le silence autour d'une plante, qui l'isole pour mieux la donner à voir. Ce silence – je veux parler de calme – que la maturité m'a appris à transcrire dans mon jardin.

L'expérience a affiné mes attentes. Je pense en particulier aux arbres et arbustes auxquels j'impose désormais une règle de trois précise : que chacun d'eux décline trois effets satisfaisants au cours de l'année. Que ce soit par un feuillage, une floraison, une silhouette ou bien encore une écorce.

Un jour, aux tout débuts du jardin, Adam, mon compagnon à l'époque, m'a averti que ce jardin serait l'histoire de ma vie. Plus de vingt ans se sont écoulés. Force est de constater que ce jardin est ancré dans ma vie. Qu'il est l'univers dans lequel je me suis le plus investi en termes de temps, de pensées, de créations.

Je travaille pour l'éphémère. Mes objets, mes décors… Mes émissions aussi qui, une fois tournées, sont diffusées deux ou trois fois avant d'être oubliées. Qu'importe. Je suis déjà passé aux suivantes. Le jour où « Silence, ça pousse ! » cessera, le jardin existera toujours.

Mais après ? La limite du jardin, c'est le jardinier. La raison d'être du jardin, c'est encore le jardinier. Et pourquoi consacrer sa vie à créer un jardin ? Le plaisir des moments qu'on y passe ne saurait être la seule réponse. J'ai un vague sentiment de tristesse quand j'imagine qu'après moi mon jardin pourrait disparaître. Mais je connais des jardins qui continuent d'exister, qui continuent à nous parler des gens qui les ont créés. Où l'esprit de ces personnes se perpétue.

Ma vie me plaît ainsi. Je la consacre à produire dans un théâtre – mon jardin – une pièce aux scènes que j'espère riches, puissantes, intéressantes, que je souhaite belles et dont je sais qu'elles sont fugaces.

Post-scriptum

Dans la perspective du jardin du Soir, au-delà du second pré à vaches, j'ai planté un cèdre de l'Atlas (Cedrus atlantica). Vingt-cinq ans seront nécessaires avant qu'il ne soit visible depuis le jardin. Je l'ai choisi en raison de sa couleur grise qui rappelle celle du ciel et celle de la mer que l'on aperçoit à cet endroit précis. Je dirai au fermier qui fauche ce pré : voilà, je vous ai planté un arbre là, dans le coin, faites-y attention pour lui permettre de grandir...

Responsable éditoriale Odile Perrard
Assistante d'édition Laurence Beaux
Directrice artistique Sabine Houplain
Réalisation graphique Iris Glon
Relecture-correction Dominique Montembault
Fabrication Isabelle Hortal

Photogravure : Quadrilaser à Ormes
Achevé d'imprimer en France chez Pollina - L52653.
Dépôt légal mars 2010
ISBN 978-2-81230-164-3
34/23 26/6-01